© Grete Garrido, 2023
Impresión y editorial: BoD – Books on Demand
info@bod.com.es - www.bod.com.es

Impreso en Alemania – Printed in Germany
ISBN: 9788411741255

ESTE LIBRO ES UN REGALO

DE: _____

PARA: _____

FECHA ENTREGA: _____

FECHA DEVOLUCIÓN: _____

UN PEQUEÑO VIAJE
A TU INTERIOR

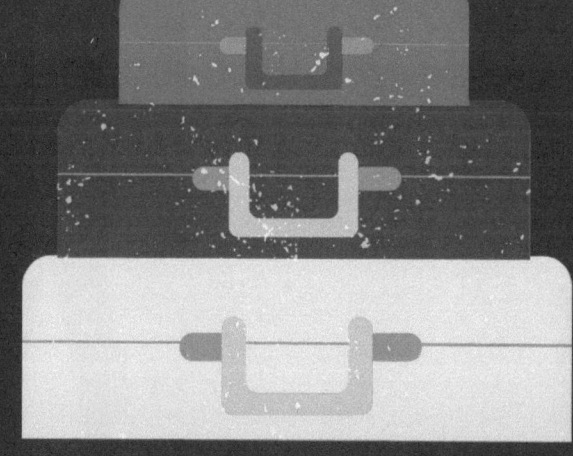

¿DE QUÉ LOGRO EN TU VIDA ESTÁS MÁS ORGULLOSO/A?

¿QUÉ HAY EN TU LISTA DE COSAS QUE HACER DE ESTE AÑO?

¿CUÁLES SON TUS TRES LIBROS FAVORITOS?

¿QUÉ TE HACE SENTIR MÁS VIVO/A?

SI PUDIERAS VIVIR LA VIDA DE OTRA PERSONA ¿LA DE QUIÉN ESCOGERÍAS?

CUANDO ESTÁS DE MAL HUMOR, ¿PREFIERES QUE TE DEJEN SOLO/A O TENER A ALGUIEN QUE TE ANIME?

¿QUÉ ES LO QUE TE MOLESTA MÁS DE LO QUE OCURRE EN EL MUNDO HOY?

¿QUÉ ÚNICA COSA TE GUSTARÍA CAMBIAR DE TI MISMO/A?

SI RECIBIERAS EN ESTE INSTANTE UN CHEQUE POR VALOR DE 5000€, ¿CÓMO LO USARÍAS?

SI ESTÁS TENIENDO UN MAL DÍA, ¿CÓMO PODRÍA ANIMARTE?

¿QUÉ CUALIDADES ADMIRAS MÁS DE TUS PADRES?

¿CUÁLES SON ALGUNOS DE TUS RECUERDOS DE INFANCIA FAVORITOS?

¿LLORAS EN EL CINE?

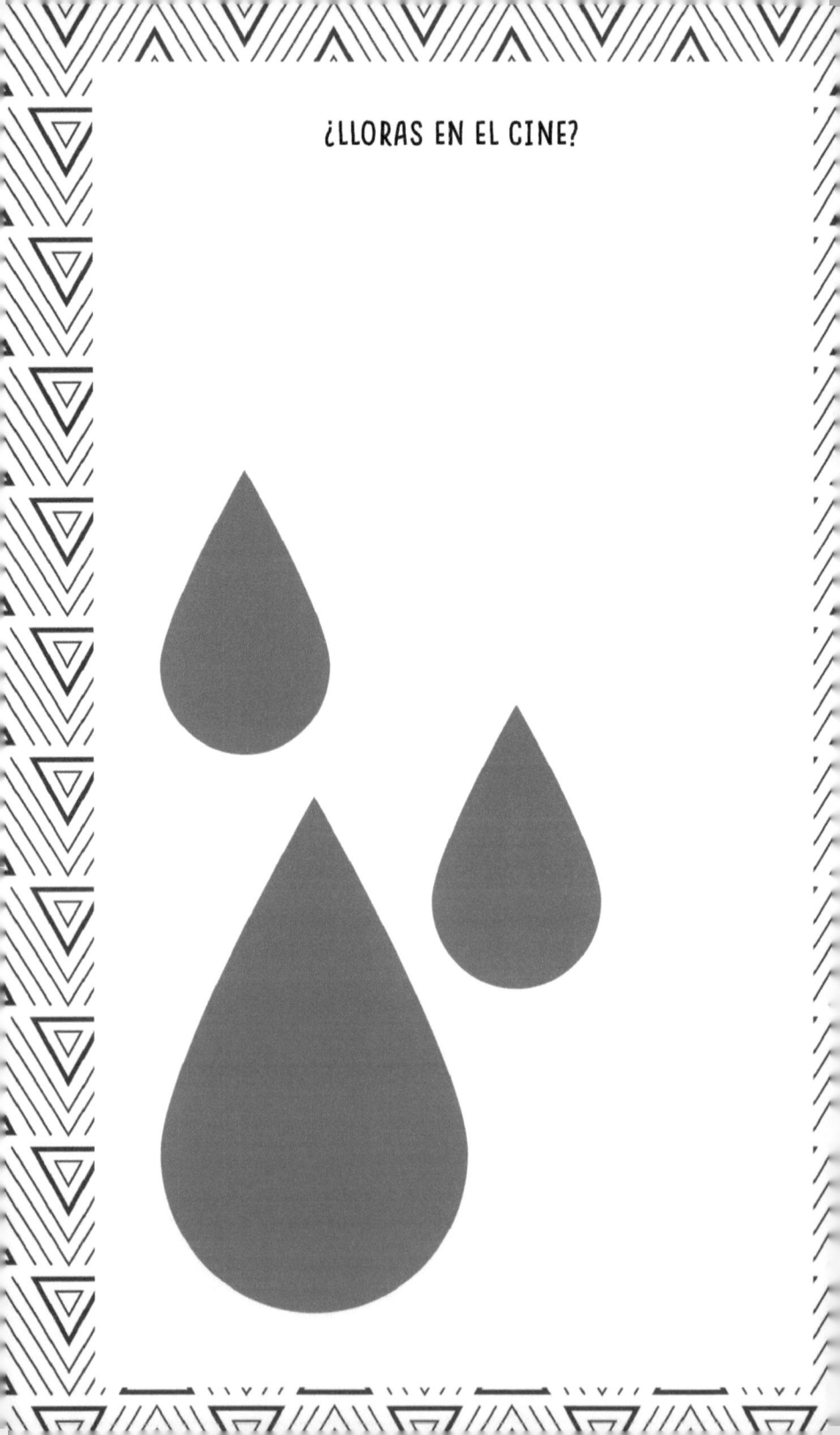

¿ALGUNA VEZ BAILAS AUNQUE NO HAYA MÚSICA SONANDO?

¿CÓMO TE DESCRIBIRÍAS A TI MISMO/A EN UNA SOLA PALABRA?

¿CÓMO ME DESCRIBIRÍAS A MÍ EN UNA SOLA PALABRA?

SI DE PRONTO DESCUBRIERAS QUE HOY ES TU ÚLTIMO DÍA EN LA TIERRA, ¿QUÉ LAMENTARÍAS NO HABER HECHO?

¿ERES MÁS DE PERROS O DE GATOS?

¿CÓMO ME DIBUJARÍAS?

¿CÓMO TE DIBUJARÍAS A TI MISMO?

¿QUÉ SUEÑO TE QUEDA POR CUMPLIR?

SI TUVIERAS LA HABILIDAD DE BORRAR ALGO
QUE HICISTE EN EL PASADO, ¿QUÉ BORRARÍAS?

¿CUÁL ES TU SITIO FAVORITO DEL MUNDO ENTERO?

¿TIENES ALGÚN SUEÑO O PESADILLA RECURRENTE?

PARA TI, ¿UN HOGAR ES UN LUGAR O UNA SENSACIÓN? DESCRIBE ESE LUGAR O ESA SENSACIÓN.

¿CUÁL ES TU MAYOR TEMOR?

¿CÚAL ES TU PRIMER RECUERDO?

¿CUÁL ES EL SUEÑO MÁS RARO QUE HAS TENIDO?

¿CÚALES SON TUS CINCO PELÍCULAS FAVORITAS?

¿SIN QUÉ COMIDA NO PODRÍAS VIVIR?

¿CÚALES SON ALGUNAS DE TUS METAS
PERSONALES PARA LOS PRÓXIMOS CINCO AÑOS?

¿QUÉ COSA NUNCA ADIVINARÍA DE TI?

¿QUÉ CANCIÓN TE HACE INCONDICIONALMENTE FELIZ?

¿QUIÉN ES TU GRAN HÉROE O HEROÍNA?

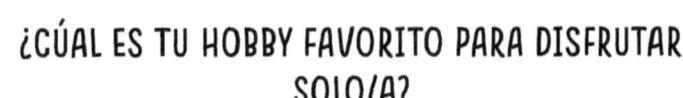

¿CÚAL ES TU HOBBY FAVORITO PARA DISFRUTAR SOLO/A?

SI PUDIERAS VIVIR EN CUALQUIER PERIODO HISTÓRICO, ¿CUÁL SERÍA Y POR QUÉ?

¿CÓMO ES UN FIN DE SEMANA PERFECTO PARA TI?

¿CUÁL FUE TU PRIMERA IMPRESIÓN DE MÍ?

¿POR QUÉ CREES QUE ESTAMOS AQUÍ?

SI SE TE PRESENTARA LA OPCIÓN DE SER INMORTAL ¿LA ESCOGERÍAS?

CUÉNTAME ALGUNA TONTERÍA REALMENTE
ESTÚPIDA QUE TE HACE REIR

¿ALGUNA VEZ ESCRIBISTE UN DIARIO?

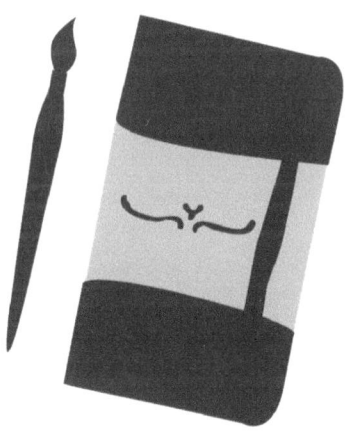

¿QUÉ ES LO MÁS AMABLE QUE ALGUIEN HA HECHO POR TI?

¿HAS PERDIDO A ALGUIEN A QUIEN ESTABAS
MUY UNIDO/A?

¿PREFIERES AMAR O SER AMADO/A?

¿CUÁL ES EL MANTRA DE TU VIDA?

¿QUÉ PELÍCULA TE AVERGÜENZA ADMITIR QUE TE ENCANTA?

¿CÓMO ERA O ES LA RELACIÓN CON TUS PADRES?

¿QUIÉNES SON LAS CINCO PERSONAS A LAS QUE ESTÁS MÁS UNIDO/A?

¿CUÁL ES TU FIGURA HISTÓRICA FAVORITA?

¿CUÁNDO SIENTES QUE NECESITAS ESTAR SOLO/A?

¿CÓMO CREES QUE TE VE LA GENTE?

¿CUÁL ES TU FILOSOFÍA DE VIDA?

SI PUDIERAS SER EL PRESIDENTE DE TU PAÍS
DURANTE UNA HORA, ¿CUÁL SERÍA LA PRIMERA
COSA QUE CAMBIARÍAS?

EL
MAPA DE
TU VIDA

¿CUÁL ES EL MAYOR ARREPENTIMIENTO DE TU VIDA?

¿QUÉ TE ENSEÑÓ TU ÚLTIMA RELACIÓN SENTIMENTAL?

¿CÓMO TE GUSTARÍA SER RECORDADO/A?

¿QUIÉN ES LA PERSONA CON LA QUE PUEDES HABLAR REALMENTE DE TODO?

HOLA

¿QUÉ ESCENA DE UNA PELÍCULA TE HA EVOCADO MÁS SENTIMIENTOS?

¿CREES EN LAS SEGUNDAS OPORTUNIDADES?

¿ALGUNA VEZ HAS VISTO ALGO QUE NO PUEDAS EXPLICAR?

¿TE GUSTA CANTAR EN LA DUCHA O EN EL COCHE
O CUANDO NO HAY NADIE ALREDEDOR?

¿TE GUSTA PLANEAR LAS COSAS O PREFIERES SER MÁS ESPONTÁNEO/A?

LA BANDA SONORA DE TU VIDA

SI PUDIERAS TENER UN SÚPER PODER
¿CUÁL ESCOGERÍAS?

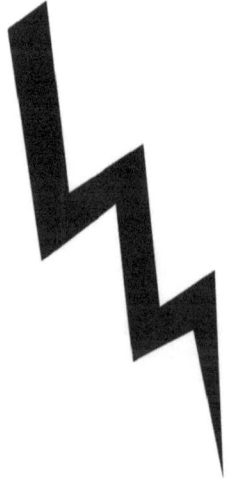

¿QUÉ SITIO EN EL QUE TODAVÍA NO HAS ESTADO
TE GUSTARÍA CONOCER?

¿CUÁL FUE TU PROFESOR/A PREFERIDO/A Y POR QUÉ?

¿CUÁLES SON TUS CINCO CANCIONES FAVORITAS?

¿Y ¿CUÁL ME DEDICARÍAS A MÍ?

¿CUÁLES SON LAS TRES COSAS QUE MÁS VALORAS EN UNA PERSONA?

¿CUÁL ES LA COSA MÁS RARA DE TI?

¿POR QUÉ ESTÁS MÁS AGRADECIDO?

¿QUÉ QUERÍAS SER CUANDO ERAS MÁS JOVEN?

¿QUÉ CANCIÓN TE PONE IRREMEDIABLEMENTE TRISTE?

¿CUÁL ES LA MAYOR LOCURA QUE HAS HECHO POR AMOR?

SI TU VIDA FUESE UNA PELÍCULA O UN LIBRO,
¿CUÁL SERÍA SU TÍTULO?

SI TE CONCEDIERAN TRES DESEOS, ¿CUÁLES SERÍAN?

¡TERMINASTE!
¡AHORA ESCRIBE O DIBUJA LO QUE QUIERAS!

75

PREGUNTAS

PARA CONOCER MEJOR A MI PERSONA FAVORITA